Martin Richtlinger

Kinderphilosophische Prozesse als Bildungsprozesse

GRIN Verlag

Bibliografische Information der Deutschen Nationalbibliothek:

Die Deutsche Bibliothek verzeichnet diese Publikation in der Deutschen National-
bibliografie; detaillierte bibliografische Daten sind im Internet über http://dnb.d-
nb.de/ abrufbar.

Impressum:

Copyright © 2014 GRIN Verlag GmbH
Druck und Bindung: Books on Demand GmbH, Norderstedt Germany
ISBN: 978-3-656-76465-6

Dieses Buch bei GRIN:

http://www.grin.com/de/e-book/278859/kinderphilosophische-prozesse-als-bildungs-
prozesse

GRIN - Your knowledge has value

Der GRIN Verlag publiziert seit 1998 wissenschaftliche Arbeiten von Studenten, Hochschullehrern und anderen Akademikern als eBook und gedrucktes Buch. Die Verlagswebsite www.grin.com ist die ideale Plattform zur Veröffentlichung von Hausarbeiten, Abschlussarbeiten, wissenschaftlichen Aufsätzen, Dissertationen und Fachbüchern.

Besuchen Sie uns im Internet:

http://www.grin.com/

http://www.facebook.com/grincom

http://www.twitter.com/grin_com

„Kinderphilosophische Prozesse als Bildungsprozesse"

Inhaltsverzeichnis

1. Einleitung

Das Philosophieren ist so alt wie die Menschheit selbst. Die eigene Lebenswelt mit ihren Erscheinungen zu hinterfragen, ist Teil der ureigenen Neugier des menschlichen Individuums. Besonders die griechische Antike brachte eine Vielzahl berühmter Philosophen hervor, die bereits ihre „Liebe zur Weisheit" entdeckten. Heutzutage wird insbesondere ein Augenmerk auf kinderphilosophische Prozesse gerichtet und es wird auch in Deutschland bewusst daran gearbeitet, das Philosophieren an Schulen und in Kindergärten verstärkt zu betreiben.

Im Folgenden soll nun dieser Prozess des Philosophierens untersucht werden, insbesondere hinsichtlich seiner Merkmale. Fragen wie: Was kann das Philosophieren und woher kommt die Lust daran, wird auf den Grund gegangen werden. Ferner werden die Chancen und Möglichkeiten des Philosophierens in den Blick genommen und es wird die Methodik der Philosophie in der Schule erläutert. Diesbezüglichen werden Ideen für die Umsetzung verschiedener Methoden im Unterricht gegeben und es wird auf den Begriff des „ganzheitlichen Philosophierens" eingegangen.

Letztendlich soll verdeutlicht werden, dass der philosophische Prozess bei Kindern zugleich ein Bildungsprozess ist, da er eine kritische und selbstreflektierende Auseinandersetzung mit der eigenen Umwelt, den Mitmenschen und dem eigenen Selbst anstößt und somit Entwicklungspotenzial bietet.

2. Merkmale des kinderphilosophischen Prozesses

Beschäftigt man sich mit den Merkmalen und den Besonderheiten von kinderphilosophischen Prozessen, so stellt sich zunächst die Frage, ob Kinder überhaupt in der Lage sind zu philosophieren und dies überhaupt wollen. Sind die Kinder unserer heutigen Gesellschaft, die sich hauptsächlich durch ihre Schnelllebigkeit auszeichnet und in der selbst die Jüngsten schon im Internet surfen und das Fernsehprogramm auswendig können, überhaupt für eine Tätigkeit, die nicht von direktem Nutzen ist und oft nicht einmal ein Ergebnis hat, zu begeistern?

Antwort auf diese Frage konnte Martens mit einem einfachen „Experiment" finden. Er stellte einer Gruppe von Kindern und Erwachsenen die Frage, ob Blumen glücklich seinen können und beobachtete Erstaunliches. So waren es am Ende die Kinder, die die Erwachsenen vorführten und Lust und Freude am philosophieren zeigten (vgl. Martens 2007, S. 101 ff.). Sie taten dies nicht aus Schadenfreude oder sportlichem Ehrgeiz, berichtet Martens, sondern einzig aufgrund der kindlichen „Freude an der freien Bewegung des Geistes" (Martens 2007, S.103).

Betrachtet man Philosophieren somit „einfach" als Weiterdenken (vgl. Martens 2007, S. 99) und rückt ab von den großen Philosophen und den theoretischen Grundsätzen, so sind Kinder sehr wohl im Stande weiterzudenken. Oftmals sind sie gerade aufgrund ihrer kindlichen Naivität und Ungezwungenheit noch eher, als Erwachsene fähig ihre Gedanken zu äußern und mit ihrer Phantasie zu spielen. Sie haben noch nicht jene gesellschaftliche Angepasstheit zu eigen, die es manch Einem später schwer macht seine Meinung zu sagen und sich über alltägliche Grenzen in einem philosophischen Gespräch hinweg zu setzen. Warum viele Erwachsene ihre Phantasie verlieren, sich ihren kindlichen Eigensinn und ihre Individualität nicht bewahren können ist eine andere Frage, die sicherlich mit bestimmten gesellschaftlichen Problematiken zusammenhängt. Vielleicht ist es auch die sich ständig wandelnde Welt in der wir leben mit ihren technologischen Raffinessen, die uns das Staunen und die Neugier abgewöhnt hat. Letztendlich jedoch sind augenscheinlich auch die Kinder der heutigen Zeit in der Lage zu philosophieren und sollten dies auch tun, da bereits bei der Untersuchung der Merkmale von philosophischen Prozessen deutlich wird, dass Philosophieren gerade den Jüngsten eine Entwicklungsmöglichkeit in vielfältiger Hinsicht bietet.

Im Folgenden sollen einige dieser Merkmale und ihre Bedeutung für den Bildungsprozess analysiert werden, wobei allerdings keinerlei Anspruch auf Vollständigkeit erhoben werden soll, da nur als besonders wichtig erachtete Merkmale betrachtet werden und es sicherlich noch eine Vielzahl Weitere zu finden gibt.

Ein Merkmal des philosophischen Prozesses sind bestimmte Perspektivenwechsel, die manchmal vorgenommen werden müssen, um etwas aus einem anderen Blickwinkel zu betrachten und vielleicht von einer festgefahrenen Meinung abzurücken. Diesen Perspektivenwechsel konkret mit Kindern zu „trainieren" hat den Vorteil, dass sie sich auch im späteren Leben in Mitmenschen „hinein versetzen" können und Meinungen, beziehungsweise Handlungen Anderer tolerieren lernen. Jedoch soll auf dieses Merkmal und seine besondere Bedeutung für den Bildungs- und Entwicklungsprozess später noch einmal näher eingegangen werden. Im Allgemeinen fördert das Philosophieren den toleranten Umgang miteinander und lehrt noch dazu die eigene Meinung zu äußern und die der Anderen zu akzeptieren. Dieses Merkmal ordnet Martens einem hermeneutischen Vorgehen zu (vgl. Martens 2007, S. 104), wobei Hermeneutik die Lehre des Verstehens und Deutens ist. Im diesem Sinne lehrt das Philosophieren eben auch Zuhören, denn wie will man sonst sein Gegenüber verstehen. Des Weiteren verlangt der philosophische Prozess geradezu danach die eigenen Erfahrungen und Wahrnehmungen ernst zu nehmen und den Mut zu finden darüber zu diskutieren und sie mit Anderen zu teilen. An diesem Punkt soll nochmals erwähnt sein, dass Letztgenanntes Kindern meist nicht schwer fällt, Erwachsenen hingegen häufig schon, da sie oft bereits negative Erfahrungen in diesem Zusammenhang gemacht haben. Kindern hingegen fehlen diese Erlebnisse (gemeint ist hier beispielsweise ausgelacht zu werden oder „nicht ernst genommen zu werden" usw.) und auch deshalb bietet das Philosophieren, die Chance zu lernen mit Kritik, umzugehen und selbst angemessen zu kritisieren.

Außerdem beinhaltet das Philosophieren als Tätigkeit bestimmte Arbeitstechniken und Methoden, die den Kindern zwar so noch nicht bewusst sind, aber dennoch bereit angewendet werden, wie das Beispiel bei Martens zeigt. So wenden die Kinder eine elementar phänomenologische Methode an, indem sie das Objekt von Interesse (in dem Falle eine Blume) genau beobachten und analysieren (vgl. Martens 2007, S. 104). Schließlich beschreibt Martens wie sie Kriterien aufstellen, aus denen sie Rückschlüsse für ihre Thesen ziehen können. Somit ist auch das analytische und wissenschaftliche Arbeiten als Charakteristikum des Philosophierens zu nennen. Der philosophische Prozess zeichnet sich jedoch nicht nur durch diese strukturierten und sachlichen Vorgehensweisen aus, sondern ist immer auch spekulativ. Das heißt es wird selbst fantastisch anmaßenden Äußerungen nachgegangen, was mitunter zu erstaunlichen Ergebnissen führt, wie Martens Blumengeschichte zeigt. Zumal die einfachen Gedankenspiele die Kreativität der Kinder fördern. Interessant ist jedoch, dass die Kinder nicht nur ihre Ideen sagen wollen, sondern hiernach wissen wollen, „ob ihre Meinungen auch haltbar oder wahr sind" (Martens 2007, S.104). Das bedeutet, sie begeben sich selbstständig denkend auf die Suche nach einer Wahrheit und sind dabei bereit Rückschläge und Kritik einzustecken.

3. Chancen und Möglichkeiten des Philosophierens

Was das Philosophieren kann und welche signifikante Bedeutung es für den Bildungsprozess bei Kindern hat, wurde bereits im obigen Abschnitt angedeutet. Hier soll nun jedoch nochmals verstärkt auf die Besonderheiten und Potentiale einiger Merkmale hingewiesen werden, wobei speziell die Perspektivenwechsel, die beim Philosophieren eingenommen werden können, wichtig sind. Dadurch können die Kinder Schritt für Schritt lernen ein Problem nicht mehr nur aus einer (ihrer eigenen) Sichtweise wahrzunehmen, sondern sich in Andere hineinzuversetzen. Das Einnehmen fremder Blickwinkel hat den Vorteil, dass man sich selbst neu sieht, „denn Menschen, egal in welche Richtung sie schauen, [können] immer nur einen Teil der Realität wahrnehmen" (Osthoff-Münnix 2007, S.59). Diese Erkenntnis kann als eine Errungenschaft von philosophischen Prozessen auch schon bei Kindern angestrebt werden und trägt zur Entwicklung in vielerlei Hinsicht bei. Zunächst ist es jedoch möglich zwischen verschiedenen Perspektivwechseln zu unterscheiden. So kann man konkret den Blickwinkel einer anderen Person einnehmen und versuchen dadurch dessen Meinung nachzuvollziehen, oder aber mit dieser Fremdperspektive die eigenen Denkweisen neu interpretieren lernen. Des Weiteren kann man sich auch mit der sogenannten Überblicksperspektive eine Feldorientierung über ein bestimmtes Gebiet aneignen und einfach unterschiedliche Ansätze und Meinungen zu einem bestimmten Thema einholen. Eine letzte Möglichkeit die Perspektiven zu wechseln besteht in der Kombination einzelner Sichtweisenwechsel (vgl. Osthoff-Münnix 2007).

Natürlich hört sich dies anfänglich zu komplex für ein philosophisches Arbeiten mit Kindern an, doch anhand einfacher Geschichten oder Rollenspiele lernen die Kinder sehr schnell diese neuen Denkmöglichkeiten kennen.

Für die Entwicklung des Kindes ist dieses Einfühlen in Andere ein entscheidender Schritt und trägt sowohl zur Identitätsbildung, als auch zur Bildung von Charakterstärke und Selbstbewusstsein bei. Das heißt, die Kinder lernen dadurch einerseits die Welt kennen, gleichzeitig aber auch sich in ihr zu verorten und zu orientieren, wobei ihnen der fremde Blickwinkel (von außen auf das eigene Selbst) oftmals behilflich seien kann. Einen weiteren Vorteil, den die Entwicklung einer solchen „sozialorientierten Ichstärke" mit sich bringt, ist die geringere Anfälligkeit für Gruppendruck und Gruppenzwang (vgl. Osthoff-Münnix 2007).

Damit legt das Philosophieren einen Grundstein für ein friedliches, offenes und gesittetes Miteinander, denn es kann, „wenn es Konsenserlebnisse im gemeinsamen Nachdenken ermöglicht, auch interkulturelle Aggressionspotenziale abbauen helfen und zur Gewaltprävention beitragen" (Osthoff-Münnix 2007, S. 69). Diese Chance der philosophischen Prozesse muss gerade in unserer heutigen globalisierten Welt genutzt werden, in die sich immer mehr Vorurteile und Hass einschleichen und das Verhältnis der Menschen untereinander vergiften. Durch einen frühzeitigen Umgang mit Vielfältigkeit und Verschiedenheit, wie er beim Philosophieren durch unterschiedliche Perspektiven und Meinungen geübt wird, lassen sich fundamentale Tugenden und Werte vermitteln. So wird die Möglichkeit geboten die Kinder von Heute zu mündigen Bürger zu erziehen, oder zumindest einen Beitrag dazu zu leisten.

Resümierend lässt sich festhalten, dass insbesondere der Perspektivenwechsel beim Philosophieren direkt zum Bildungsprozess des Kindes beiträgt. Außerdem ist die Reflexion auf das eigene Selbst ein Initiator für die Persönlichkeitsentwicklung und Stärkung des Charakters. Abgesehen von diesen sozialen und emotionalen Kompetenzen (Toleranz, Einfühlungsvermögen, Akzeptanz usw.), fördern gemeinsame Diskussionen und gemeinsames Nachdenken natürlich auch die sprachlichen Fähigkeiten des Kindes.

3. 1 Philosophieren in der Schule

Auch oder gerade in der Schule spielt die Philosophie eine wichtige Rolle. So sind verschiedene Methodiken und didaktische Übungen unabdingbar für die kindliche Entwicklung und den Bildungsprozess an sich. Im Folgenden soll ein Abriss der Philosophie in der Schule gegeben werden und hierbei kurz auf den Ansatz des ganzheitlichen Philosophierens (von Osthoff-Münnix), auf die Methodik und auf verschiedene Ideen für die Unterrichtspraktische Umsetzung eingegangen werden. Bei dieser Gelegenheit soll auch die Verbindung zwischen philosophischen Prozessen und Bildungsprozessen erläutert werden.

Führt man sich vor Augen, dass Philosophieren nichts anderes bedeutet als Fragen stellen und weiterdenken, so wird deutlich, dass diese Disziplin nicht nur auf das gleichnamige Fach beschränkt bleibt, sondern in allen Schulfächern Anwendung finden kann. So können selbst naturwissenschaftliche Fächer durch neue Ansätze philosophische Strategien in das Unterrichtsgeschehen einbauen. Dadurch können auch hier offene gedankliche Situationen geschaffen werden, die den Schülern einen philosophischen Zugang zu naturwissenschaftlichen Themen ermöglichen können. Dieses eigene Einfühlen und das Formulieren eigener Fragen zu den Erscheinungen der Welt, sind gerade für die Erkenntnisgewinnung im naturwissenschaftlichen Bereich unumgänglich.

Aber auch in geisteswissenschaftlichen Fächern ist die Rolle der Philosophie mit ihren Merkmalen und Methodiken nicht zu unterschätzen. Erwähnenswert ist hier insbesondere die Auseinandersetzung mit der Geschichte und die Frage was wir aus ihr lernen können, oder ob man überhaupt etwas aus ihr lernen kann. Welche Rückschlüsse für unser heutiges Leben lassen sich aus historischen Fakten ziehen? Kurzum lassen sich in so gut wie allen schulischen Fächern Ansätze zum Philosophieren aufzeigen und ins Unterrichtsgeschehen einbinden.

3. 2 Methodik des Philosophierens und konkrete Ideen für den Unterricht

Bevor nun auf die verschiedenen Methoden und Medien des Philosophierens eingegangen werden soll, wird zunächst nochmals Bezug genommen auf Osthoff-Münnix, welche einen wichtigen Punkt in ihren Ausführungen zum Philosophieren mit Kindern anführt. So sollte eben das Philosophieren, wie jeder andere Bildungsprozess auch, „ganzheitlich" und „multiperspektivisch" sein. Das heißt, dass die philosophische Arbeit in gewisser Weise einer bestimmten Abwechslung bedarf und man sich nicht nur auf eine Methode oder Arbeitstechnik versteifen sollte.

Tatsächlich ist es gerade das „Sichtbarmachen" des Bildungsprozesses, was zu dessen Verständnis beiträgt. Im Bezug auf die Philosophie ist es hier nicht nur das Gespräch, welches praktiziert werden sollte, sondern ebenso das Arbeiten mit Bildern, Filmen und verschiedenen Spielen und anderen Sozial- und Arbeitsformen. Diese „Emotionalität und Bildlichkeit" machen den philosophischen Prozess erst fass- und begreifbar für Kleinkinder, erlauben eigene Interpretationen und fördern die Erweckung der eigenen Kreativität.

Nach dieser Vorbetrachtung sollen nun einige Methoden des Philosophierens und konkrete Unterrichtsbeispiele erläutert werden. Wobei vorab noch zu erwähnen ist, dass in der Philosophiedidaktik eine Divergenz bezüglich der methodischen Ausrichtung des Unterrichts vorhanden ist. Hier kann man sich oftmals nicht einigen, ob nun das Lesen von philosophischen Texten oder das Gespräch und die Diskussion mit den Jugendlichen Hauptbestandteil des Philosophieunterrichts sein sollte. Doch wie beim ganzheitlichen Ansatz von Osthoff-Münnix bereits angedeutet ist oftmals ein „Methoden-Mix" die plausibelste Lösung. Wichtig ist einerseits die Auseinandersetzung mit dem Gedankengut in den klassischen

Texten, aber eben auch das Gespräch mit den Lernenden. Denn erst dadurch können neue Aspekte reflektiert und interpretiert werden und Rückschlüsse zur eigenen Erfahrungswelt gezogen werden.

Somit wurden im obigen Abschnitt bereits zwei essentielle Medien des Philosophierens angedeutet. Das Lesen von Texten und das Gespräch über philosophische Themen und Fragestellungen. Ein weiterer wichtiger Bestandteil des Philosophieunterrichts ist das Schreiben eigener Texte geworden, was aus der Didaktik des Deutschunterrichts übernommen wurde. Im Folgenden sollen die einzelnen Medien kurz betrachtet werden, um schließlich zu den allgemeinen Methoden und Denkweisen der Philosophie zu gelangen. Hierbei werden immer wieder Anreize und Ideen für die unterrichtspraktische Umsetzung als Beispiele erwähnt werden.

Eine signifikante Arbeitstechnik der Philosophie in der Schule, als auch in der Wissenschaft ist die Lektüre von Texten klassischer Philosophen. Das Interessante daran ist, dass die Lernenden „mit neuen Gedanken konfrontiert [werden], die ihnen in der Regel nicht selber einfallen" (Rohbeck 2000, S. 150). Die Schüler lernen durch die Textlektüre sich kritisch mit teils „unbequemen" Ansichten auseinanderzusetzen. Maßgeblich dafür ist das genaue Lesen Wort für Wort, da die philosophischen Klassiker häufig schwer verständlich sind. Oft erschließt sich für die Schüler der Sinn des Textes nicht ohne vorherige Betrachtungen zum Kontext. Für den Unterricht bieten sich verschiedene Textsorten an, wie zum Beispiel die sokratischen Dialoge als niedergeschriebene Gespräche, oder Briefwechsel und Essays. Dem Lehrenden obliegt hier die Aufgabe die Schüler durch schwierige Textpassagen zu führen und ihnen deren Verständnis zu erleichtern durch Klärung unbekannter Begriffe und Wörter. Letztendlich bieten die philosophischen Texten, so sie denn erst einmal erarbeitet und verstanden wurden, Grundlage für das weitere Arbeiten. So können die Schüler im Anschluss ihre eigene Meinung zu dem Gelesenen formulieren und dadurch selbst erkennen, ob sie die Argumentationsstruktur des Textes nachvollziehen konnten.

Ferner können die philosophischen Texte sehr gut als Basis für ein Unterrichtsgespräch oder eine Diskussion genutzt werden. Diese verkörpert das zweite Medium des Philosophieunterrichts. Die Vorrausetzungen für ein Unterrichtsgespräch sind wie bei einem „normalen" Gespräch gegenseitiger Respekt und Toleranz der Meinungen Anderer. Es ist wichtig, dass der Lehrende klare Regeln für den allgemeinen Gesprächsablauf zumindest vorgibt, wenn er nicht sogar selbst das Gespräch lenkt. Die Schüler sollten einander zuhören, den Anderen ausreden lassen und sachlich Kritisieren ohne den Anderen dabei zu verletzen. Werden diese Grundsätze eingehalten kann das philosophische Gespräch den Schülern neue Erkenntnisse vermitteln und ihr soziales und ethisches Gewissen erweitern. Neues wird in der Klassengemeinschaft diskutiert und soziale Wertehaltungen abgeglichen. Darüber hinaus fördert das Unterrichtsgespräch auch die argumentative Kompetenz der Lernenden.

Wie bereits oben erwähnt kann ein solches Gespräch lehrerzentriert stattfinden, an einen Text gebunden sein oder frei von den Schülern geführt werden (vgl. Rohbeck 2000). Bei Letzterem ist zu beachten, dass hier Vorkenntnisse zum Thema vorhanden sein sollten.

Ein weiteres vermittelndes Element des Philosophieunterrichts kann das Schreiben eigener Texte sein. Dieser kreative Impuls wurde aus der Didaktik des Deutschunterrichts übernommen und gibt den Schülern die Möglichkeit die eigenen Gedanken zu einem Thema schriftlich zu formulieren und dadurch zu reflektieren. Doch nicht nur das Verfassen eigener Primärtexte, sondern auch das Weiterschreiben von Texten oder Füllen von Lücken, sowie das Schreiben nach einer Vorlage können das Unterrichtsgespräch und das Lesen von Texten ergänzen. Ein Beispiel für das Verfassen eigener Texte nach einem Muster gibt Hans-Ludwig Freese. Er empfiehlt Themenstellungen der Art „Was wäre wenn,…" als „außerordentlich fruchtbar" für das philosophische Arbeiten. So können die Lernenden aus einer neuen Perspektive heraus Alltägliches und Bekanntes in Frage stellen und Normen neu für sich erkennen. Spannend sind besonders Themen wie, „was wäre, wenn Lügen allgemein erlaubt wäre, … wenn wir uns ohne Worte verständigen müssten oder wenn wir nicht über unseren Tastsinn verfügten" (Freese 1996, S.44). Kurzum ist das kreative und freie Schreiben gerade für Schüler, denen es schwerfällt die eigene Meinung mündlich oder im Kollektiv zu äußern eine neue Chance philosophischen Inhalten zu begegnen.

Möchte man nun anhand dieser verschiedenen Medien grundlegende Methoden des Philosophieunterrichts ableiten, sollte man sich jedoch bewusst machen, dass es sich bei diesen Methoden meist um verschiedene Verfahrensweisen handelt. Das heißt es vermischen sich hier „Arbeitstechniken, Sozialformen, Medien und Denkmethoden" (Rohbeck 2000, S. 147).

Zu diesen Verfahrensweisen zählt unter Anderem, einen sicheren Umgang mit neuen Begriffen zu entwickeln. Das heißt, diese zu verstehen, zu interpretieren und zu hinterfragen, sowie selbst Begriffe zu bilden. Außerdem gehören das Stellen von philosophische Fragen, das Argumentieren und Kritisieren zu den allgemeinen Methoden des Philosophieunterrichts (vgl. Rohbeck 2000). Somit lassen sich zwei übergeordnete Ziele für den Unterricht festhalten; einerseits das „Verstehen und Verwenden von Begriffen, Metaphern und Modellen", andererseits das „Argumentieren Lernen" (vgl. Rohbeck 2000). Zu Ersterem bieten sich zur Begriffbestimmung im Unterricht verschiedene Methoden an, wie beispielsweise die Einordnung eines neuen Wortes in ein Feld von Ober- und Unterbegriffen. Das Argumentieren wiederum setzt einen sicheren Umgang mit bestimmten Begriffen voraus und fördert die Lernenden auf vielerlei Ebenen. So muss gerade in einer Diskussion eine Behauptung begründet und Zusammenhänge logisch verknüpft werden. Es reicht nicht nur Thesen aufzustellen, wobei bereits dies ein gewisses Verständnis philosophischer Inhalte voraussetzt. Des Weiteren lernen die Schüler hierbei zu kritisieren und selbst Kritik anzunehmen.

Besonders konstruktiv im Unterricht zeigen sich „Denkfiguren mit hypothetischem Charakter [als] (…) Form der Argumentation" (Rohbeck 2000, S. 167). Eine solche Denkfigur ist zum Beispiel das Gedankenexperiment, welches gerade zur Klärung neuer Begriffe und zur Entwicklung eines gewissen Abstraktionsvermögens beitragen kann. Im Prinzip wird hier ein neuer Blickwinkel eingenommen, von dem aus die Wirklichkeit betrachtet wird. Dadurch eröffnet sich dem Lernenden die Möglichkeit der Reflexion und auch komplexere Abfolgen können durchdacht und verstanden werden. Teilweise wird sogar von einer therapeutischen und befreienden Wirkung solcher Experimente und Perspektivenwechsel gesprochen (vgl. Freese 1996).

4. Zusammenfassung

Es wurde gezeigt, dass selbst die Kinder der heutigen Zeit in der Lage sind zu Philosophieren und es durchaus Sinn macht, dies bereits in den Kindergärten zu praktizieren. Das Philosophieren bietet aufgrund seiner speziellen Merkmale, die es erlauben Parallelen zu Bildungsprozessen zu ziehen, die Chance zur Entfaltung der Persönlichkeit und der eigenen Kreativität. Führt man sich nunmehr vor Augen, dass Bildung „auch soziale und moralische Bildung" (Steenblock 2000, S.16) heißt, so ist es geradezu offensichtlich, dass das Philosophieren ein Teil von Bildungsprozessen ist und Entwicklungspotenziale bietet. Das heißt auch, dass die philosophischen Prozesse auf verschiedenen Ebenen Kompetenzen fördern und deshalb mit spezifischen Methoden fest in den Schulen verankert sind.

Die Philosophie gibt „die Möglichkeit zu Prozessen der Sensibilisierung, Steigerung des Problembewusstseins und der Erfahrung, nicht nur über eigene, sondern auch über andere Standpunkte nachzudenken" (Steenblock 2000, S. 24). Somit eröffnet Philosophieren durch Perspektivenwechsel und Diskussionen die Chance Toleranz und Respekt als universelle Vorraussetzungen für das menschliche Miteinander zu vermitteln.

Literaturverzeichnis

Freese, H.-L. (1996): Was wäre wenn...? Gedankenexperimente beim Philosophieren mit Kindern. In: Rostocker Philosophische Manuskripte. Neue Folge. Heft 3, Rostock, S. 37-47.

Martens, E. (2007): Lust am Philosophieren - nicht nur für Kinder. In: Herb, K./ Höfling, S./ Wiesheu, R. (Hrsg.): Kinder Philosophieren. München, S. 99-141.

Osthoff-Münnix, G. (2007): Meine Welt – deine Welt – unsere Welt? Gemeinsame Identitätsbildung durch Philosophieren mit Kindern. In: Herb, K./ Höfling, S./ Wiesheu, R. (Hrsg.): Kinder Philosophieren. München, S. 59-77.

Rohbeck, J.(2000): Methoden des Philosophie- und Ethikunterrichts. In: Rohbeck, J. (Hg.): Methoden des Philosophierens. Jahrbuch der Didaktik der Philosophie und Ethik. Band 1, Dresden, S. 146-178.

Steenblock, V. (2000): Philosophische Bildung als ‚Arbeit am Logos'. In: Rohbeck, J. (Hg.): Methoden des Philosophierens. Jahrbuch der Didaktik der Philosophie und Ethik. Band 1, Dresden, S. 13-30.